"十四五"普通高等教育本科精品系列教材

# 财务共享实训

▶主 编◎李石明

 西南财经大学出版社

中国·成都

**图书在版编目(CIP)数据**

财务共享实训/李石明主编.—成都:西南财经大学出版社,2023.8
ISBN 978-7-5504-5811-6

Ⅰ.①财… Ⅱ.①李… Ⅲ.①财务管理系统 Ⅳ.①F232

中国国家版本馆 CIP 数据核字(2023)第 100243 号

**财务共享实训**

CAIWU GONGXIANG SHIXUN

主　编　李石明

策划编辑:王　琳
责任编辑:王　琳
责任校对:李晓嵩
封面设计:墨创文化　张姗姗
责任印制:朱曼丽

| | |
|---|---|
| 出版发行 | 西南财经大学出版社(四川省成都市光华村街 55 号) |
| 网　　址 | http://cbs.swufe.edu.cn |
| 电子邮件 | bookcj@swufe.edu.cn |
| 邮政编码 | 610074 |
| 电　　话 | 028-87353785 |
| 照　　排 | 四川胜翔数码印务设计有限公司 |
| 印　　刷 | 郫县犀浦印刷厂 |
| 成品尺寸 | 185mm×260mm |
| 印　　张 | 8 |
| 字　　数 | 167 千字 |
| 版　　次 | 2023 年 8 月第 1 版 |
| 印　　次 | 2023 年 8 月第 1 次印刷 |
| 印　　数 | 1— 2000 册 |
| 书　　号 | ISBN 978-7-5504-5811-6 |
| 定　　价 | 29.80 元 |

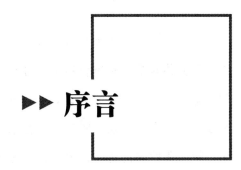

# ▶▶ 序言

随着信息技术的发展和企业管理的变革,财务共享正在朝着数字化、智能化、标准化的方向发展。在数字化方面,财务共享采用了云计算、大数据、互联网等新技术,实现了财务数据的整合和共享,提高了财务工作的效率和质量。在智能化方面,财务共享采用了人工智能、机器学习等新技术,实现了财务决策的智能化和自动化。在标准化方面,财务共享采用了统一的的标准和规范,实现了财务工作的标准化和规范化。

财务共享是一种新型的财务管理模式,它在企业中发挥着越来越重要的作用。随着企业规模的不断扩大和经济全球化的推进,财务共享面临着更多的挑战和机遇。

财务共享服务中心(financial shared service center,FSSC)是近年来出现并流行起来的会计和报告业务管理方式。它将不同国家或地区的实体的会计业务放到一个共享服务中心(SSC)来记账和报告,这样做的好处是保证会计记录和报告规范、结构统一。由于不需要在集团的每个公司或办事处都设会计岗位,节省了系统和人工成本。但这种操作容易受限于某些国家的法律规定。财务共享不仅适用于大型企业,也适用于中小型企业。在大型企业中,财务共享可以将分散在不同地区的财务部门集中起来,实现财务数据的共享和整合,提高了财务工作的效率和质量。在中小型企业中,财务共享可以帮助企业降低运营成本,提高市场竞争力。

财务共享可以将分散在不同地区的财务部门集中起来,实现财务数据的共享和整合,提高了财务工作的效率和质量。同时,财务共享还可以帮助企业降低运营成本，提高市场竞争力。财务共享中心一般为人员素质较高的制造业企业所属各分支机构、办事处服务。这些分支机构、办事处往往只承担销售任务而无复杂的财务核算需求。

财务共享是企业加强财务管控的重要手段，是企业实现财务战略转型的必由之路。财务共享是一种新型的财务管理模式，它可以帮助企业实现财务工作的标准化和规范化，提高企业的运营效率和降低运营成本。同时，财务共享也需要不断更新和改进，以满足企业不断变化的需求。在未来，财务共享将继续朝着数字化、智能化、标准化的方向发展，为企业管理带来更多的帮助和支持。

企业在建立了财务共享中心后，实现了财务会计与管理会计的分离，将财务人员明确划分为财务会计与管理会计两大类。财务会计隶属于财务共享中心，严格按标准流程和操作规范进行比较基础的重复劳动；管理会计隶属于业务单位，以财务共享中心提供的财务数据为基础，为企业经营决策提供信息支持。在财务共享模式下，不同类别的财务人员需要具备的专业知识与核心能力将非常明确，这有助于帮助高校进一步厘清会计教育的目标和定位，设计更加能够满足社会用人需求的会计人才培养方案和课程体系。

本书结构完整、内容丰富，结合具体的企业应用实践阐述了财务共享的理论与实务，适合于大学本科教学，也适合于会计专业的研究生教学，对于企业财务人员而言也是一本很好的参考书籍。

黄恒学

（北京大学政府管理学院博士生导师）

2023 年 6 月

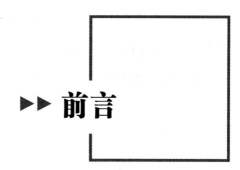

# ▶▶ 前言

　　财务共享是一种新型的财务管理模式，将企业财务流程进行优化和再造，实现了财务工作的标准化和规范化，提高了企业的运营效率，降低了运营成本。财务共享不仅是一种管理模式，更是一种创新变革行动。

　　随着企业规模的不断扩大和经济全球化的推进，财务管理面临的挑战也越来越复杂。传统的管理模式已经无法满足现代企业的需求，财务共享的出现为财务管理带来了新的机遇和挑战。财务共享可以将分散在不同地区的财务部门集中起来，实现财务数据的共享和整合，提高了财务工作的效率和质量。同时，财务共享还可以帮助企业降低运营成本，提高市场竞争力。

　　本书旨在向读者介绍这种管理模式的基本概念、应用方法和实践经验，希望对读者有所帮助。在编写本书时，我们注重以下几个原则：

　　（1）实用性。本书的内容紧密结合实际工作，通过案例和实例来阐述财务共享的原理和应用，使读者能够快速掌握方法和技巧。

　　（2）系统性。本书从财务共享的基本概念、应用方法和实践经验三个方面进行阐述，内容全面、系统，有助于读者形成完整的知识框架。

　　（3）及时性。本书紧跟财务共享的最新发展情况，内容更新及时，反映了该领域的最新动态和趋势。

　　在阅读本书时，读者可以根据自己的兴趣和需求选择所要阅读的内容。对于初学者，可以从第一章开始逐步深入学习；对于有一定经验的人员，可以直接选择感兴趣的章节阅读。同时，本书还提供了丰富的学习资源和工具，如练习题、案例分析、行业报告等，使读者可以更加深入地学习和掌握财务共享的技能和知识。

最后，我希望本书能够成为读者学习的良师益友，为读者的职业发展提供帮助和支持。同时，我也希望读者能够积极参与到财务共享的实践中，不断探索和创新，为企业的可持续发展做出贡献。

李石明

2023 年 5 月 16 日于北京大学廖凯原楼

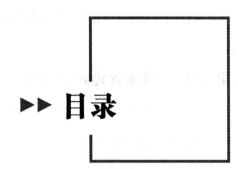

# ►► 目录

## 第一篇　财务共享概述篇

## 第二篇　财务共享实践篇

# 第一篇
## 财务共享概述篇

# 第一篇

## 药成共毒论叙

# 第一章

# 财务共享概述

## 第一节 财务共享服务的概念

### 一、国外学者的认识

财务共享服务源于共享服务的理念。共享服务最早由罗伯特·冈恩（Robert Gunn）等人在 1993 年提出，他们认为共享的核心就是提供服务时共享组织的成员和技术等资源，使得公司能从分散管理中取得竞争优势的一种新的管理理念。作为共享服务研究的主要奠基人，奎因（Barbara E. Quinn）在 *Shared Services：Mining for Corporate Gold* 一书中提到：共享服务是一项商业经营，其理念是"以顾客为中心+服务收费=商业"。这一理念准确地概括了共享服务的核心思想。布赖恩·伯杰伦（Bergeron Bryan）在《共享服务精要》一书中指出，共享服务作为一种创新理念和一个协助企业成长的平台，所涵盖的内容往往从最常见的财务服务领域延伸至信息技术、人力资源和采购等领域。在今天复杂的商业环境中，即使我们没有直接使用共享服务，但也可能正在服务于某个运用这种模式的公司或正在享受运用这种模式的公司所提供的服务。

从国外共享服务的研究发展看，在 1993 年之后的几年间，已经逐步明确了共享服务是作为一个独立的组织实体，通过整合或合并公司各项业务进行重新集中配置，从而为公司业务单元提供服务，依据正式或非正式的契约即服务水平协议收取费用的服务活动。

我国学者关于共享服务的专门研究并不多见，主要成果集中在财务领域，并且起步较晚。其中代表性的观点如下：

张瑞君、陈虎等（2008）认为，共享服务是跨国企业集团一种新的管理模式，可以显著降低集团日常事务的处理成本，提高效率，并支持企业集团战略有效执行，因此共享服务模式得到了理论界和实务界的广泛关注。财务共享服务是在财务组织深度变革基础上所建立的管理模式。企业组织将独立核算的财务组织进行剥离或依托于法人单位的财务组织，使得分支公司的财务组织合并划归到共享服务中心，由共享财务服务中心承担全集团成员单位简单的、重复的、共同的、标准化的业务，从而实现财务集中管理和核算[①]。

陈虎、董皓（2009）指出，财务共享服务是通过一个或多个地点对人员、技术和流程的有效整合，实现公司内各流程标准化和精简化的一种创新手段[②]。

张敏（2018）指出，财务共享服务是以信息技术发展为依托，以财务业务流程处理为基础，以优化组织结构、规范流程、提升流程效率、降低运营成本或创造价值为目的，以市场视角为内外部客户提供专业化生产服务的分布式创新管理模式[③]。

综合共享服务的基本理念及国内对财务共享服务概念的论述，本书认为，财务共享服务是指将企业集团大量重复、易于实现标准化和流程化的会计核算从分散的业务部门抽出，集中到一个新的独立运营的业务单元（财务共享服务中心）进行流程再造或标准化、集中化处理，以达到提升业务处理效率，进而降低成本、加强管控、提升客户满意度、创造价值的目的，最终提升集团整体财务管理水平的一种作业管理模式。

# 第二节　财务共享中心发展的必然性

## 一、信息技术的发展

财务共享服务中心需要建立强大的网络系统，需要强大的企业信息系统作为 IT 平

① 张瑞君，陈虎，胡耀光，等. 财务共享服务模式研究及实践 [J]. 管理案例研究与评论，2000（6）：19-27.
② 张瑞君，强永翼. 构建财务共享服务模式的策略 [J]. 财务与会计，2008（17）：60-61.
③ 张敏. 中兴通讯财务共享模式研究 [J]. 财会通讯，2018（5）：57-60.

台，只有利用现代的 IT 技术，才能使企业集团的财务共享服务真正落到实处。当前，我国正处于"互联网+"和"大数据"的变革时代，如此，会计集中核算平台升级为财务共享服务中心就有了技术基础，而当前电子发票制度的实施更为财务共享服务中心的落地实施创造了可能。

## 二、国家政策要求

2011 年，国务院国有资产监督管理委员会（以下简称国资委）在《关于加强中央企业财务信息化工作的通知》中对中央企业提出了建立财务共享中心的要求。2013 年 12 月 6 日，财政部印发《企业会计信息化工作规范》，其中第三十四条规定"分公司、子公司数量多、分布广的大型企业、企业集团应当探索利用信息技术促进会计工作的集中，逐步建立财务共享服务中心"。该规范为我国大型企业集团建立和实施财务共享服务提供了重要的政策依据。财政部于 2014 年印发《关于全面推进管理会计体系建设的指导意见》，要求企业推进面向管理会计的信息系统建设，提出"鼓励大型企业和企业集团充分利用专业化分工和信息技术优势，建立财务共享服务中心，加快会计职能从重核算到重管理决策的拓展，促进管理会计工作的有效开展"。

## 三、企业发展实践的需求

20 世纪 80 年代初，美国的福特公司最先实施了共享服务模式，在欧洲建立了第一个财务共享中心，经过 30 多年的发展，已经被广泛应用于企业运营管理中。在我国，财务共享中心的起步比较晚，中兴通讯是第一家成立共享服务中心的企业。随后，虽然太平洋保险、苏宁电器、辉瑞药业、中国电信、华为、物美集团、金蝶集团、中国平安、中国电信等也先后建立了财务共享中心，但是，对国内大多数企业来说，共享服务中心依然是新生事物。财务共享服务中心的发展历程如图 1-1 所示。

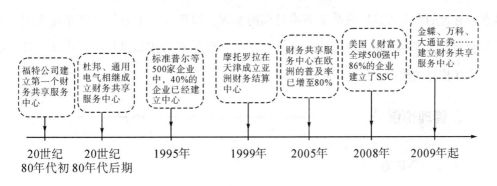

**图 1-1　财务共享服务中心的发展历程**

从宏观角度来看，我国经历了快速发展的 40 多年，未来依靠内涵式发展实现经济结构调整将成为主流。从微观角度来看，我国企业集团也普遍从依靠"跑马圈地"式发展的初创期走向拼成本的成熟期。规模的不断扩张和分支机构数量的快速增加给企业集团的发展带来了很多问题。第一是成本的不断增加。假如企业每设立一个子公司时都建立一套财务制度，那么公司的运营成本将会居高不下，这必然对公司未来的发展造成影响。第二是增加的子公司加大了集团管控的难度。如果位于不同地方的子公司都各自为政，没有统一的标准及规范去协调，那么集团公司将很难实现统一规范与监管，从而影响企业规模扩张的潜力。第三是经营风险和财务风险不断增加。一个子公司如果出现了问题，那么会牵涉其他分支机构，产生连锁反应，使集团的发展扩张进一步受到制约。第四是提供的财务信息质量有待提高。企业需要去寻找新的组织结构和运作方式以适应快速发展的企业模式，而作为企业重要支撑部门的财务部应该主动去应对这种转变，持续地提高和深化企业的会计核算以及监督控制作用。

在这样的背景下，财务共享服务模式应运而生，它将分散的经营职能集中到一个新的半自主的业务单元，这个业务单元就像在市场中公开竞争的企业一样，设有专门的管理机构，以节约成本、提高效率和服务质量、创造价值为目的，财务共享服务模式已逐渐成为越来越多的大公司的选择。

# 第三节  财务共享中心的价值

财务共享中心的建立对企业集团而言具有重要的实践意义。尤其是随着我国"一带一路"倡议的落实，越来越多的企业集团走出国门，经营结构和业务范围日益复杂，其财务管理的水平直接影响企业战略目标的实现。财务共享中心可以将企业集团大量重复和易于实现标准化、流程化的会计核算进行流程再造或标准化、集中化处理，提高了会计核算的效率，创造了各种价值。

## 一、管理价值

### 1. 支撑公司战略

传统企业在决定扩张业务时，都需要建立业务支持部门来辅助新增业务开展，此时企业人力资源成本巨大，招聘和培养周期的不确定性又会阻碍扩张。但是当企业集团拥有自己的财务共享中心时，每次扩展新业务时都有经验丰富的专业支持人员在后方提供强有力的配套服务，可以根据以往进入新领域的经验提出更有针对性的建议，没有必要重新招聘或抽调人员临时组建团队，重建团队的磨合时间、投入的成本都可以用来开拓市场。例如，2010 年和 2011 年，金蝶公司快速复制了 30 多家子公司，但财务人员数量增长极其有限，基本财务服务通过财务共享服务中心延伸到业务一线，业务不用再担心资金等问题，只需面对市场做好业务即可，有效保证和支持了公司战略的执行。

### 2. 加强集团整体管控力度

财务共享中心通过先服务后管控，融服务于管控的方式，通过即时的数据收集与整理、定期的报告与反馈，变事后检查与稽核为事前参与和事中控制，加强了对下属机构的管控力度，降低了企业在规模扩张和经营中存在的风险，为集团战略方针的执行提供有效保障。

### 3. 促进财务人员转型发展

共享财务中心将子公司财务人员从日常业务中解放出来，他们更多参与到子公司的经营活动中去，如项目损益管理、最小责任单位利润管理等，成为财务中最懂业务、业务中懂财务的人，通过参与业务全生命周期管理，成为业务人员信赖的财务伙伴，相信他们会对公司业务的发展产生积极作用。

### 4. 统一标准及规章制度

在传统企业管理方式下，企业集团中不同地区的财务部门和支持部门的工作方式是分散的，提供服务的规章制度和习惯是互不相同的，存在或大或小的差异。建立财务共享中心时企业集团必然要先统一子公司的规章制度，统一各种数据的录入及处理流程，统一各项工作开展时的审批标准，从而实现集中化处理服务。这些工作使得企业集团可以缩小各子公司的执行偏差程度，统一服务标准，保证工作高品质、高效率、高强度完成。通过建立财务共享中心，企业集团能够实现内部资金管理统一、资金监管统一、会计核算统一。

## 二、效率价值

财务共享中心提高了财务处理效率和财务服务满意度，向内部、外部用户提供品质高、效率高的财务业务核算及决策资讯等支持服务。经过流程改造和组织架构调整，企业集团下辖的所有子公司业务都被统一在服务中心作业，达到规模效益，把业务处理拆解得更加详细，并分配专业人才负责，服务品质和效率得到大幅提升。例如，进行费用报销时，之前从提起流程到报销款最终到账，需要 7 天以上，有的甚至半个月，建立财务共享中心后，3 天就可以完成上述流程，员工对于财务服务的满意度也由以前的 60% 左右上升到 80% 以上。

## 三、成本价值

### 1. 降低人工成本

建立财务共享中心之前，各个子公司都需要配备会计人员，然后配置对应的业务支持人员，这样就会出现各个岗位重复并分散设置的情况。建立财务共享中心后，各子公司中的财务、支持人员得到整合，企业集团只需要投入较少人力资源就能对该管辖区域内的所有业务进行集中处理，从而降低了人工成本，同时获得规模效益。例如，金蝶公司建立财务共享中心之前，公司总部和子公司的财务人员有近 300 人，财务共享中心建成后，财务人员有 180 人左右，每年节约人工费用 2 000 多万元。

### 2. 降低运营成本

当企业集团建立财务共享中心后，对业务流程进行细致整合，对与之配套的支持服务进行相应的流程再造和作业分工，使得企业集团内部分工更加细化，内部组织管理方式得到优化，重复的工作流程被简化，企业业务处理的标准化流程被建立，员工的绩效考核标准被重新定义，成本费用的管理将会更有可预见性。

# 第二章

# 金蝶 EAS 财务共享软件简介

金蝶 EAS 财务共享软件的发展经历了 EAS 财务共享 1.0 会计核算中心、EAS 财务共享 2.0 流程管控中心、EAS 财务共享 3.0 数据服务中心三个阶段。EAS 财务共享发展的三个阶段如图 2-1 所示。

金蝶 EAS 财务共享软件的版本也从 EAS V7.0、EAS V7.5、EAS V8.0 发展到 EAS V8.2，随着科技的发展和需求的增加，共享的范围逐渐增大，共享模块逐渐增多。

| EAS 财务共享1.0 | | EAS 财务共享2.0 | EAS 财务共享3.0 |
|---|---|---|---|
| EAS V7.0 | EAS V7.5 | EAS V8.0 | EAS V8.2 |
| 初始发布时间：<br>2008.06<br><br>版本说明：<br>费用共享<br><br>发布模块：<br>费用共享<br>影像管理<br>共享任务池 | 初始发布时间：<br>2012.10<br><br>版本说明：<br>全面共享<br><br>发布模块：<br>应收共享<br>应付共享<br>资产共享<br>出纳共享<br>银企共享<br>总账共享<br>报表共享<br>共享绩效报表 | 初始发布时间：<br>2014.12<br><br>版本说明：<br>全面共享、智能共享、精益共享<br><br>发布模块：<br>智能审单<br>智能记账<br>智能收付<br>智能报表<br>智能合并<br>共享质量管理<br>共享信用管理<br>共享计费管理<br>共享异构接入平台 | 初始发布时间：<br>2016.06<br><br>版本说明：<br>全球共享、智能共享、数据共享<br><br>发布模块：<br>全球共享中心<br>全球资金结算<br>智能税务<br>智能核算（全流程）<br>电子化（电子发票、电子回单、电子凭证、电子档案）<br>数据轻分析平台 |
| 典型客户：<br>金蝶<br>大通证券 | 典型客户：<br>合生创展<br>广西路桥 | 典型客户：<br>万科<br>中车株机<br>阳狮集团 | 典型客户：<br>招商局<br>中石油勘探<br>蒙牛集团 |

图 2-1  EAS 财务共享软件发展的三个阶段

## 一、EAS 财务共享 1.0

EAS 财务共享 1.0 是会计核算中心，主要关注会计核算和财务报告制定。金蝶 EAS 财务共享 1.0 有 EAS V7.0 和 EAS V7.5 两个版本。

EAS V7.0 版本的初始发布时间为 2008 年，实现了费用共享，发布的模块主要有费用共享、影像管理和共享任务池。典型的用户有金蝶集团和大通证券。

EAS V7.5 版本的初始发布时间为 2012 年，实现了全面共享，发布的模块新增了应收共享、应付共享、资产共享、出纳共享、银企共享、总账共享、报表共享等。典型的用户有合生创展和广西路桥。

## 二、EAS 财务共享 2.0

EAS 财务共享 2.0 是流程管控中心，主要关注流程优化和风险控制。金蝶 EAS 财务共享 2.0 使用的是 EAS V8.0 版本，当时 EAS V8.2 版本正在被研发中。

EAS V8.0 版本的初始发布时间为 2014 年，实现了全球共享、智能共享和精益共享，发布的模块主要有智能审单、智能记账、智能收付、智能报表、智能合并、共享质量管理、共享信用管理、共享计费管理、共享异构接入平台，各个模块的功能更加强大，实现了智能化。典型的用户有万科、中年株机及阳狮集团。

## 三、EAS 财务共享 3.0

EAS 财务共享 3.0 是数据服务中心，主要关注决策支持和有效的财务中心。金蝶 EAS 财务共享 3.0 使用的是 EAS V8.2 版本。

EAS V8.2 版本的初始发布时间为 2016 年，实现了全球共享、智能共享和数据共享，发布的模块主要有全球共享中心、全球资金结算、智能税务、智能核算（全流程）、电子化（电子发票、电子回单、电子凭证和电子档案）和数据轻分析平台。典型的用户有招商局、中石油勘探和蒙牛集团。

金蝶于 2008 年发布财务共享软件，于 2016 年发布 EAS V8.2 版本，再到现阶段的逐步完善与成熟，使用该软件的客户遍布地产与建筑、制造、零售与流通、服务、互联网与教育等行业。金蝶以十多年的坚持获得了越来越多客户的青睐。

金蝶 EAS 财务共享中心功能模块见图 2-2。

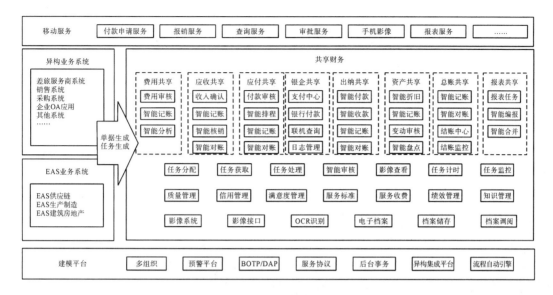

图 2-2 财务共享中心功能模块

本书是以金蝶 EAS 3.0 为基础展开案例分析。

# 第二篇
## 财务共享实践篇

# 第三章

# 实践企业背景资料

环球日化集团创建于1993年8月，总部位于深圳，子公司遍及深圳、广州、成都、大连、香港等40多个城市，产品远销欧美、东南亚。通过跨越式发展，环球日化集团以卓越管理、科技创新、体贴服务和优良业绩著称于业界。

## 第一节　企业组织架构

### 一、组织架构图

环球日化集团组织架构如图3-1所示。

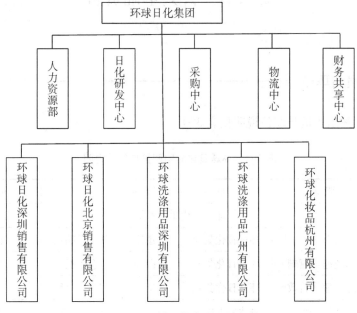

图3-1　环球日化集团组织架构

## 二、组织架构说明

环球日化有两大系列的产品——化妆品和洗涤用品，拥有深圳、广州、杭州三个生产基地，产品由环球日化深圳销售有限公司和环球日化北京销售公司销售，其分销网络覆盖全国。

## 三、环球日化管控模式

环球日化集团有五家子公司，对各子公司实施运营管控。集团下设化妆品、洗涤用品生产、销售、原材料生产、贸易五家子公司，产品覆盖日用品和化妆品两个领域，销售网络覆盖全国30多个省（自治区、直辖市），下设省、市级办事处300多个。

环球日化集团以深圳为核心，拥有三大生产基地和两个销售公司，拥有统一的配送中心。集团在考虑地域、季节因素的前提下，为各生产基地下达年度生产计划。各销售区域使用集团统一的销售定价策略。为了降低采购成本，集团对重点原材料实施统一采购策略。

为降低企业经营风险，集团对各子公司实施了较严格的预算控制，同时对各子公司实施集中财务核算管理。

# 第二节　公共基础资料

## 一、职员与职位

环球日化集团职员与职位说明见表3-1。

表3-1　环球日化集团职员与职位说明

| 人员名称 | 职位 | 所属部门 | 人员名称 | 职位 | 所属部门 |
|---|---|---|---|---|---|
| 环球日化集团本部 | | | | | |
| 安传志 | 日化集团总经理 | 环球日化集团 | 张建伟 | 日化采购员 | 采购中心 |
| 康路达 | 副总经理（营销） | 环球日化集团 | 杨振兴 | 仓务员 | 物流中心 |
| 明大成 | 副总经理（行政） | 环球日化集团 | 贺小明 | 配送经理 | 物流中心 |
| 江娜 | 研发总监 | 日化研发中心 | 杨云云 | 日化财务总监 | 财务部 |

表3-1(续)

| 人员名称 | 职位 | 所属部门 | 人员名称 | 职位 | 所属部门 |
|---|---|---|---|---|---|
| 田俊祥 | 研发经理 | 日化研发中心 | 曹国寅 | 日化预算经理 | 财务部 |
| 郝晓娇 | 工程师 | 日化研发中心 | 刘长欢 | 日化预算专员 | 财务部 |
| 韩瑜 | 技术员 | 日化研发中心 | 张合凯 | 日化财务经理 | 财务部 |
| 许赟 | 日化采购总监 | 采购中心 | 崔文涛 | 日化报表主管 | 财务部 |
| 崔璨 | 日化采购经理 | 采购中心 | 卢芳军 | 日化财务会计 | 财务部 |
| 环球日化深圳销售有限公司 | | | | | |
| 张若阳 | 销售公司总经理 | — | 王文娟 | 仓管员 | 仓务部 |
| 李霞 | 区域总监 | 经销商管理部 | 安志强 | 仓管员 | 仓务部 |
| 陈靖靖 | 城市经理 | 经销商管理部 | 丁耿彪 | 财务经理 | 财务部 |
| 李娜 | 渠道专员 | 经销商管理部 | 李鹏飞 | 成本会计 | 财务部 |
| 高宏明 | 区域总监 | 经销商管理部 | 马吉祯 | 出纳 | 财务部 |
| 王帅帅 | 城市经理 | 经销商管理部 | 张宏安 | 固定资产会计 | 财务部 |
| 吴霞天 | 渠道专员 | 经销商管理部 | 霍晨波 | 总账会计 | 财务部 |
| 齐振英 | 人事部经理 | 人事部 | 张艳丽 | 预算专员 | 财务部 |
| 樊江波 | 人事主管 | 人事部 | 张军波 | 营销中心经理 | 营销中心 |
| 马超俊 | 薪酬福利主管 | 人事部 | 张振宁 | 销售管理员 | 营销中心 |
| 王小青 | 仓务部经理 | 仓务部 | | | |
| 环球洗涤用品深圳有限公司 | | | | | |
| 潘焱 | 总经理 | — | 田小鹏 | 生产线主管 | 生产部-洗发露车间 |
| 陆清 | 技术经理 | 工程技术部 | 任智敏 | 班组长 | 生产部-洗发露车间 |
| 高磊 | 工程师 | 工程技术部 | 崔健 | 物料员 | 生产部-洗发露车间 |
| 王婷婷 | 财务经理 | 财务部 | 刘凯 | 操作员 | 生产部-洗发露车间 |
| 王耀兰 | 成本会计 | 财务部 | 郑仲 | 生产线主管 | 生产部-染发膏车间 |
| 张君 | 出纳 | 财务部 | 王浩 | 班组长 | 生产部-染发膏车间 |
| 朱小平 | 固定资产会计 | 财务部 | 李波涛 | 物料员 | 生产部-染发膏车间 |
| 史晓旭 | 总账会计 | 财务部 | 王小东 | 操作员 | 生产部-染发膏车间 |
| 陈锦霞 | 预算专员 | 财务部 | 魏红州 | 采购经理 | 采购部 |
| 崔磊 | 计划经理 | 计划部 | 聂启胜 | 采购员 | 采购部 |
| 王永春 | 物料计划员 | 计划部 | 黄体伟 | 仓务部经理 | 仓务部 |
| 乔程 | 生产计划员 | 计划部 | 沈雨 | 仓管员 | 仓务部 |
| 耿昌昌 | 生产部经理 | 生产部 | | | |
| 闫燕 | 调度员 | 生产部 | | | |

客户资料见表3-2。

表 3-2　客户资料

| 客户分类 | 编码 | 名称 |
|---|---|---|
| 经销商 | — | 广州天天日用贸易公司 |
| | — | 广州佳佳洗涤用品贸易公司 |
| | — | 广州佳丽批发公司 |
| | — | 深圳日日用品贸易公司 |
| | — | 成都贝贝商贸公司 |
| | — | 成都丽倩商贸行 |

# 第四章

# 费用共享

费用共享系统提供费用任务池、费用核算、费用记账等费用会计功能，以及预算控制、下推付款单等财务管理功能，帮助财务共享服务中心的财务人员实现高效准确的费用审核、费用记账工作。费用共享系统能够有效地提高财务处理效率，降低财务处理成本，推动财务转型，提升财务管理价值。该系统既可以独立运行，又可以与报表共享、出纳共享、费用共享、资产共享、应收共享、应付共享等模块共同使用，从而提供更完整、全面的财务共享管理解决方案。

费用共享常用的单据包括借款单、费用报销单、出差借款单和差旅费报销单。费用共享管控模式见图 4-1。费用共享操作流程见图 4-2。

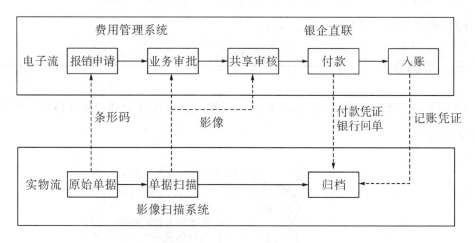

**图 4-1　费用共享管控模式**

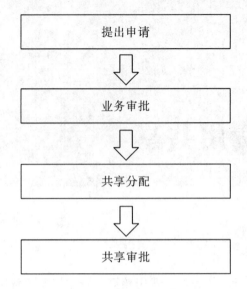

图 4-2 费用共享操作流程

## 一、实验目的

掌握费用共享各子系统功能以及费用报销流程。

## 二、实验要求

（1）费用审核人员需熟知本单位费用审批规则。

（2）费用审核时注意将组织机构切换成环球日化深圳销售有限公司。

（3）将系统日期调整为业务发生日。

## 三、案例导入

1 月 13 日，环球日化深圳销售有限公司行政经理田俊祥印刷产品宣传册，报销广告费 320 元。

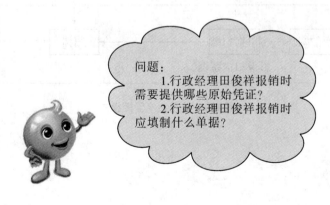

问题：
1.行政经理田俊祥报销时需要提供哪些原始凭证？
2.行政经理田俊祥报销时应填制什么单据？

# 第一节 实验资料一：借款单

## 一、适用范围

适用于专项费用借款、公司日常事务开支借款，以及办事处备用金等因公务活动需要借支的款项。

## 二、审批规则

（1）2 000 元及以下支出不予借款。

（2）同类性质的借款前款不清、后款不借。

（3）遵循"谁执行谁借款、谁借款谁还款"原则，不得有他人代借及代还款。

（4）借款属高风险流程，遵循严格审批原则，除不需提供发票外，参照费用报销规范申请借款。

（5）通过费用报销方式冲销借款时，必须关联借款单下推生成费用报销单，以保证对应借款单及时核销。

（6）借款用途描述须清晰，如有合同，需上传合同扫描件以供审核。

## 三、案例

1 月 17 日，环球日化深圳销售有限公司行政经理田俊祥申请重要客户招待费借款 820 元，提交财务共享中心审批。

## 四、实验步骤

1. 登录金蝶 EAS 工作平台

点击【进入 EAS】，选择数据中心【fts11】，用户名为【tjx010】，密码为【空】，（数据中心名称、用户名及密码请根据实训平台情况进行处理，本书以 tjx010 为例），点击【登录】按钮（见图 4-3）。

图 4-3　登录金蝶 EAS

2. 切换组织

进入 EAS 之后，点击右上角【田俊祥 10】，将其所在组织【环球日化】切换为
【环球日化深圳销售有限公司】，出现【切换组织将使所有页面清空，确认是否继
续?】，点击【确定】按钮（见图 4-4）。

图 4-4　组织切换

## 3. 填写借款单

执行【应用】—【财务会计】—【费用管理】—【报销工作台】—【借款】命令（见图4-5、图4-6）。进入借款单新增界面，根据实验资料录入借款单的具体内容，完成后点击【保存】—【提交】按钮（见图4-7）。

图4-5 进入报销工作台

图4-6 借款单

图 4-7　借款单保存与提交

**4. 业务审批**

执行【流程】—【待办任务】—【常规待办】命令，进行单据内容查看，无误后，点击【审核通过】按钮，并提交（见图 4-8、图 4-9）。

图 4-8　查看常规待办任务

图 4-9　提交业务审批意见

## 5. 共享任务分配

执行【应用】—【财务共享】—【共享任务管理】—【共享任务池】命令（见图4-10）。

**图4-10　共享任务池**

进入我的任务界面，点击【待分配】（见图4-11）。

**图4-11　待分配**

选中单号为JKD-2017-15-10：45-000036的单据，执行【更多】—【分配人员】命令（见图4-12）。

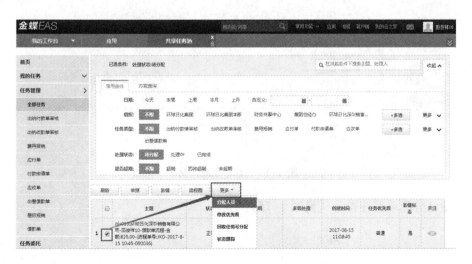

**图4-12　共享任务分配**

选中【tjx010】，点击【分配】按钮，提示【分配成功】（见图 4-13）。

图 4-13　指定分配人员

6. 共享审批

执行【应用】—【财务共享】—【共享任务管理】—【共享任务池】—【我的任务】—【全部任务】命令（见图 4-14）。

图 4-14　指定分配人员

选中已分配单据并查看（见图 4-15）。

**图 4-15  选择需审批的任务**

点击【审批不通过】按钮，填写【处理意见】，点击【提交】，借款单审批流程结束（见图 4-16）。

**图 4-16  共享审批不通过**

# 第二节  实验资料二：费用报销单

## 一、适用范围

适用于因工作需要经常出行的相应职位的人员，每月可按一定的标准报销交通补贴费。

## 二、审批规则

（1）在标准内据实报销（普通员工300元，总监、经理及以上500元）。

（2）如果使用定额发票，报销额度高于100元时，按100元核定报销；若报销额度小于100元，则按报销额度核定报销。

（3）发票要求：应为通信费发票，使用机打发票报销，必须提供报销人实名发票，且发票费用期间必须与报销期间一致。

## 三、案例

1月12日，环球日化深圳销售有限公司行政经理田俊祥报销汽油的交通补贴费600元，提交财务共享中心审批。

## 四、实验步骤

1. 登录金蝶EAS工作平台

点击【进入EAS】，选择数据中心【fts11】，用户名为【tjx010】，密码为【空】，点击【登录】按钮。

2. 填写费用报销单

执行【应用】—【财务会计】—【费用管理】—【报销工作台】—【费用报销】命令（见图4-17）。

图4-17　费用报销入口

进入费用报销单的新增界面，根据实验资料录入费用报销单的具体内容，并添加【汽油发票】附件，完成后点击【保存】—【提交】按钮（见图4-18）。

图4-18　费用报销申请

3. 业务审批

执行【流程】—【待办任务】—【常规待办】命令，进行单据内容查看，无误后，点击【审核通过】按钮，并提交（见图4-19）。

图4-19　业务审批

4. 共享分配

执行【应用】—【财务共享】—【共享任务管理】—【共享任务池】命令，进入我的任务界面（见图4-20）。

图 4-20　共享任务池

点击【待分配】（见图 4-21）。

图 4-21　待分配任务

选中单号为 BXD-2017-8-1513：48-000022 的单据，执行【更多】—【分配人员】命令（见图 4-22）。

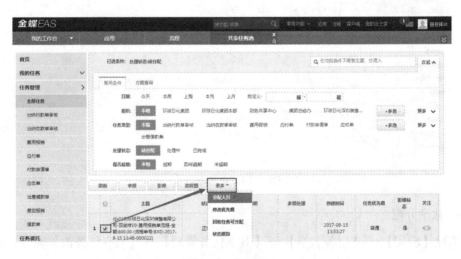

图 4-22　分配任务

选中【tjx010】，点击【分配】按钮，提示【分配成功】（见图 4-23）。

图 4-23　选择分配人员

5. 共享审批

执行【应用】—【财务共享】—【共享任务管理】—【共享任务池】—【我的任务】—【全部任务】命令（见图 4-24）。

图 4-24　共享任务池Ⅰ

选中已分配单据并进入查看（见图 4-25）。

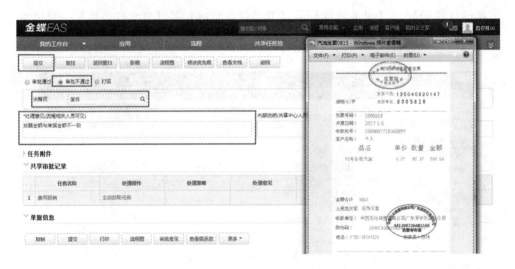

**图 4-25　共享任务池 Ⅱ**

点击【审批不通过】按钮并填写处理意见，点击【提交】，费用报销审批流程结束（见图 4-26）。

**图 4-26　共享审批不通过**

# 第三节 实验资料三：出差借款

## 一、适用范围

适用于出差时的机票、车票、船票、住宿费等的借款，以及为项目出差发生的房租、水电费等的借款。

## 二、审批规则

（1）2 000 元及以下支出不予借款。

（2）若有同行人员，需在出差申请中写明同行人员姓名及性别，以便审批后期的费用报销流程。

（3）需要事前借款时，要在出差事由中描述具体原因及预计出差费用。

（4）借款时只考虑交通和住宿的合理费用，出差补贴及其他零星费用不予借支，前款不清，后款不借。

（5）出差地点更换时，需要分行填写明细信息。

## 三、案例

1 月 10 日，行政经理田俊祥申请于 1 月 10 日至 11 日到北京出差，与日化行业协会会长交流，根据发票报销差旅费，其中深圳至北京的机票为 1 250 元，出租车发票为 180 元，住宿发票为 468 元，北京至深圳的机票为 1 320 元，田俊祥计算这次的出差日常补助为 100 元，提交财务共享中心审批。

## 四、实验步骤

1. 登录金蝶 EAS 工作平台

点击【进入 EAS】，选择数据中心【fts11】，用户名为【tjx010】，密码为【空】，点击【登录】按钮。

## 2. 填写出差借款单

执行【应用】—【财务会计】—【费用管理】—【报销工作台】—【出差借款】命令（见图4-27）。

**图4-27　出差借款**

进入出差借款单的新增界面，根据实验资料录入借款单的具体内容（见图4-28），完成后点击【保存】—【提交】按钮。

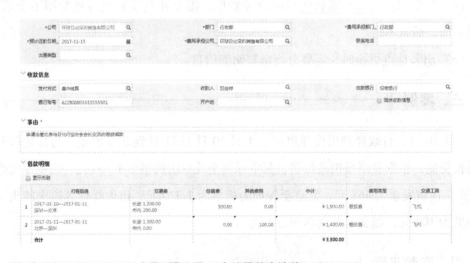

**图4-28　出差借款申请单**

## 3. 业务审批

执行【流程】—【待办任务】—【常规待办】命令（见图4-29）。

**图 4-29  业务审批**

选择单据内容并查看，无误后，点击【审核通过】按钮，然后提交（见图 4-30）。

**图 4-30  业务审批通过**

4. 共享任务分配

执行【应用】—【财务共享】—【共享任务管理】—【共享任务池】命令（见图 4-31）。

**图 4-31  共享任务池**

点击【待分配】（见图 4-32）。

图 4-32　待分配任务

选中单号为 CCJK-2017-8-15-15：02-000021 的单据，执行【更多】—【分配人员】命令（见图 4-33）。

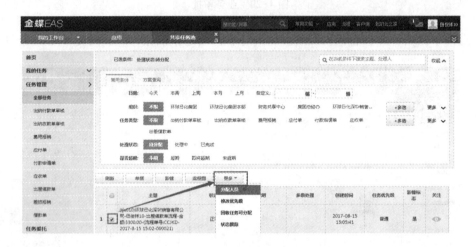

图 4-33　分配任务

选中【tjx010】，点击【分配】按钮，提示【分配成功】（见图 4-34）。

图 4-34　选择分配人员

5. 共享审批

执行【应用】—【财务共享】—【共享任务管理】—【共享任务池】—【我的任务】—【全部任务】命令（见图4-35）。

图4-35 共享任务池

选中已分配单据并查看，点击【审批不通过】按钮，填写【处理意见】，点击【提交】，出差借款单审批流程结束（见图4-36）。

图4-36 共享审批不通过

# 第四节 实验资料四：差旅费报销单

## 一、适用范围

适用于支持项目调研、拜访客户等产生的差旅费及因参加会议、市场活动、培训专项活动等产生的差旅费，以及支持项目的租房发生的房租、中介、水电、网络、日常生活用品费等。

## 二、审批规则

（1）出差补贴为100元/天，算法为"算头不算尾"，按照自然天数计发补贴。

（2）出差地点变更时，需要分行填写明细信息。

（3）出差人员应入住在补贴标准内的酒店（普通员工400元以内，总监经理级别及以上500元以内）。

## 三、案例

1月20日至21日，行政经理田俊祥到上海中欧上EMBA的课，根据发票报销差旅费，其中深圳至上海的机票1 120元，出租车发票85元，住宿发票620元，上海至深圳的机票1 250元，提交财务共享中心审批。

## 四、实验步骤

1. 登录金蝶EAS工作平台

点击【进入EAS】，选择数据中心【fts11】，用户名为【tjx010】，密码为【空】，点击【登录】按钮。

2. 填写差旅费报销单

执行【应用】—【财务会计】—【费用管理】—【报销工作台】—【差旅费报销】命令（见图4-37）。

图 4-37　差旅费报销

进入差旅费报销的新增界面，根据实验资料录入差旅费报销单的具体内容，并添加附件"机票、出租车发票、住宿费发票"，完成后点击【保存】—【提交】按钮（见图 4-38）。

图 4-38　差旅费报销单

### 3. 业务审批

执行【流程】—【待办任务】—【常规待办】命令（见图 4-39）。

**图 4-39　业务审批**

进行单据内容查看，无误后，点击【审核通过】按钮并提交（见图 4-40）。

**图 4-40　业务审批通过**

4. 共享任务分配

执行【应用】—【财务共享】—【共享任务管理】—【共享任务池】命令（见图 4-41）。

**图 4-41　共享任务池**

点击【待分配】（见图 4-42）。

**图 4-42 待分配任务**

选中单号为 CLFBXD-2017-8-15-15：38-000050 的单据，执行【更多】—【分配人员】命令（见图 4-43）。

**图 4-43 分配任务**

选中【tjx010】，点击【分配】按钮，提示【分配成功】（见图 4-44）。

**图 4-44 选择分配人员**

## 5. 共享审批

执行【应用】—【财务共享】—【共享任务管理】—【共享任务池】—【我的任务】—【全部任务】命令（见图4-45）。

图4-45 共享任务池

选中已分配单据并查看，点击【审批不通过】按钮，填写【处理意见】，点击【提交】，差旅费报销单审批流程结束（见图4-46）。

图4-46 共享审批不通过

# 第五章

# 应收账款共享

应收账款共享（以下简称"应收共享"）系统包括应收任务池、应收业务处理、收款业务处理、结算处理等模块，通过集中处理各业务部门及分支机构的应收单、收款单及办理结算，帮助财务共享服务中心的财务人员实现高效准确的单据审核、记账及付款操作。该系统既可以独立运行，又可以与报表共享、出纳共享、费用共享、资产共享、应收共享、应付共享等模块共同使用，提供更完整、全面的财务共享管理解决方案。应收共享流程见图5-1。

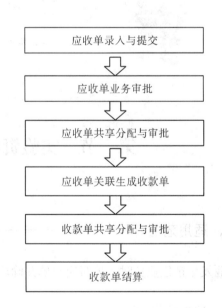

应收共享操作流程

(1) 根据销售业务内容录入应收单，确认应收款

(2) 在流程中进行业务审批，提交业务审批意见

(3) 在共享池中进行应收单的分配与审批

(4) 将审批后的应收单关联生成收款单并维护收款信息

(5) 在共享池中进行收款单的分配与审批

(6) 将审批后的收款单进行收款结算处理

应收单录入与提交

应收单业务审批

应收单共享分配与审批

应收单关联生成收款单

收款单共享分配与审批

收款单结算

图 5-1　应收共享流程

## 一、实验目的

掌握应收共享各子系统功能及应收单、收款单和结算的处理流程。

## 二、实验要求

（1）应收共享审核人员需熟知本单位应收账款票据的审核规则。

（2）应收单据审核时注意将组织机构切换成环球日化深圳销售有限公司。

（3）将系统日期调整为业务发生日 2017 年 1 月 4 日。

## 三、案例导入

1 月 22 日，环球日化深圳销售公司销售 2 000 瓶 520 ml 香薰去屑修护洗发乳给广州佳佳洗涤用品贸易公司，含税单价 58.5 元，税率 17%，销售员田俊祥根据销售发票填写应收单。1 月 25 日，共享中心收到网银支付的全部货款的银行回单，应收会计进行应收账款结算。

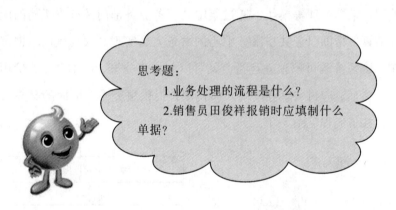

思考题：
1.业务处理的流程是什么？
2.销售员田俊祥报销时应填制什么单据？

# 第一节　实验资料一：应收单

## 一、适用范围

企业发生销售业务时，填写应收单并确认应收款项。

## 二、审批规则

（1）税额要与发票税额一致。

（2）需上传盖章生效的销售合同扫描件。

（3）发票为已盖章生效的增值税专用发票，且开票方与往来户一致。

## 三、案例

1月5日，环球日化深圳销售公司销售1 000瓶520 ml香薰去屑修护洗发乳给广州天天日用贸易公司，含税单价58.5元，税率17%，销售员田俊祥根据销售发票填写应收单，并提交财务共享中心审批。

## 四、实验步骤

### 1. 应收单的录入与提交

执行【财务会计】—【应收管理】—【应收单新增】命令，新增任务要求的应收单（见图5-2）。

**图5-2　新增应收单**

按照案例信息填写单据后保存并提交（见图5-3）。

**图5-3　应收单录入**

## 2. 应收单业务审批

选择流程中的待办任务，作为业务经理审批单据（见图 5-4）。

**图 5-4　待办单据**

打开单据并核对信息，完成审批（见图 5-5）。

**图 5-5　单据审批**

## 3. 应收单共享分配与审批

执行【财务共享】—【共享任务管理】—【任务池】命令（见图 5-6）。

**图 5-6　共享任务池**

在待分配任务里，通过时间和身份条件筛选应收单据，找到目标应收单据后，选择该单据，点击【更多】—【分配人员】，作为财务共享中心营运管理人员将单据分配给共享用户进行审批（见图5-7）。

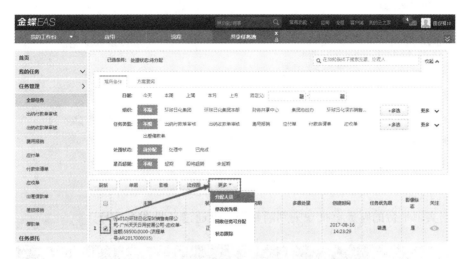

图 5-7　共享分配

按照编号找到分配的人员，分配任务（见图5-8）。

图 5-8　分配任务

在任务池中选择【我的任务】，作为财务共享审批人员审批分配到的应收单（见图5-9）。

图 5-9  共享审批

根据实训平台的财务审批规则判断是否审批通过（见图 5-10）。

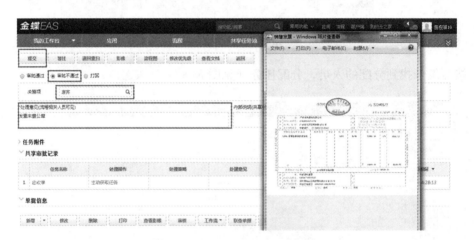

图 5-10  共享审批不通过

# 第二节　实验资料二：收款单

## 一、适用范围

企业收到往来款项时，要填写收款单，记录收款情况。

## 二、审批规则

（1）已收到的款项需要提供银行结算票据。
（2）收款单结算方式要与银行结算票据一致。
（3）收款类型需要根据业务真实情况进行填写。

## 三、案例

1月10日，财务共享中心收到广州天天日用贸易公司的预付款117 000元，应收会计根据银行回单填写收款单，结算方式为商业汇票，并提交财务共享中心审批。

## 四、实验步骤

1. 收款单录入与提交

执行【财务共享】—【出纳共享】—【收款单新增】命令（见图5-11）。

图5-11　收款单新增

录入收款单并保存，然后提交收款单（见图 5-12）。

图 5-12　收款单填写

2. 收款单共享分配与审批

执行【财务共享】—【共享任务管理】—【任务池】命令（见图 5-13）。

图 5-13　共享任务池

在待分配任务里找到要提交的收款单，作为财务共享中心运营管理人员将单据分配给共享用户进行审批（见图 5-14）。

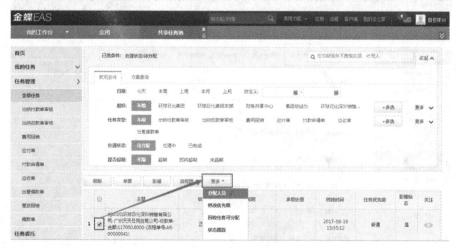

图 5-14　共享分配

在任务池中选择【我的任务】，作为财务共享审批人员审批分配到的收款单（见图5-15）。

图5-15　共享审批

根据实训平台中的财务审批规则判断是否审批通过（见图5-16）。

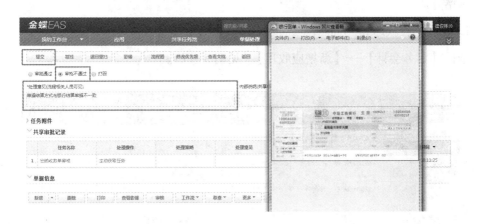

图5-16　共享审批不通过

# 第三节　实验资料三：应收款结算

## 一、适用范围

企业发生销售业务，填写应收单并确认应收款项，收到款项后关联生成收款单并进行收款结算。

## 二、审批规则

（1）税额要与发票税额一致。

（2）需上传已盖章生效的销售合同扫描件。

（3）发票均需要盖章生效的增值税专用发票，且发票方与往来户一致。

（4）已收到的款项需提供银行结算票据。

（5）收款单结算方式要与银行结算票据一致。

（6）收款类型需要根据业务真实情况进行填写。

## 三、案例

1月8日，环球深圳销售公司销售880瓶520 ml香薰去屑修护洗发乳给广州佳丽批发公司，含税单价58.5元，税率17%。销售员田俊祥根据销售发票填写应收单；1月15日，共享中心收到广州佳丽批发公司网银支付的货款的银行回单，应收会计进行应收账款结算。

1. 收款单收款结算

选择【财务会计】—【新增应收单】（见图5-17）。

图5-17　应收单新增

根据案例填写应收单并保存，注意要切换到相应的组织（见图5-18）。

**图 5-18　应收单填写**

填写完应收单后点击【提交】（见图 5-19）。

**图 5-19　应收单提交**

## 2. 应收单业务审批

进入【工作流】，提交审批意见（见图 5-20）。

**图 5-20　应收单审批**

提交处理意见（见图5-21）。

图 5-21　应收单审批提交

### 3. 应收单共享分配与审批

执行【财务共享】—【共享任务管理】—【任务池】命令，在待分配任务里，通过时间和身份条件筛选出应收单据，选择该单据，点击【更多】—【分配人员】（见图5-22）。

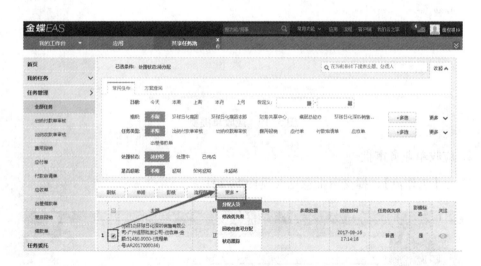

图 5-22　待分配单据

按照编号找到分配的人员，将单据分配给共享用户并进行审批（见图5-23）。

图 5-23　分配任务

在任务池中选择【我的任务】作为财务共享审批人员审批分配到的应收单（见图 5-24）。

图 5-24　共享审批

根据实训平台的财务审批规则判断是否审批通过（见图 5-25）。

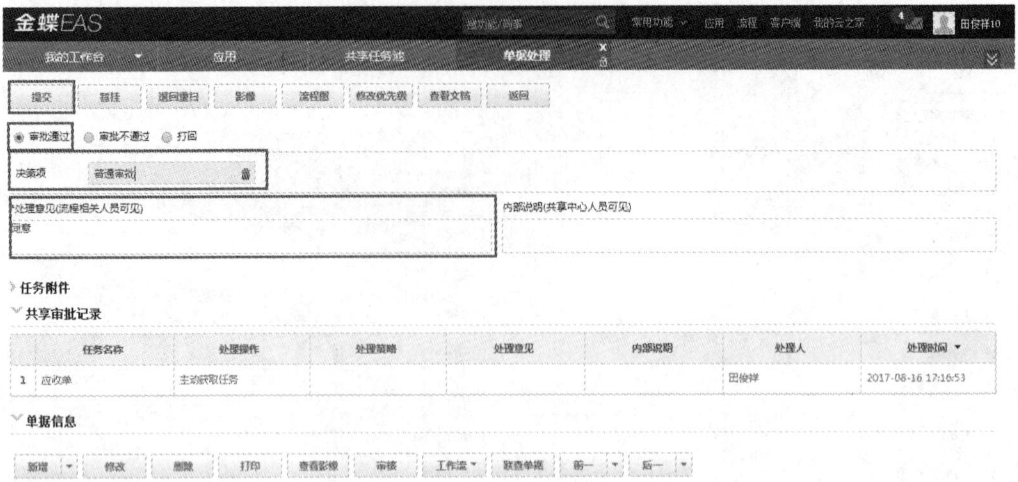

图 5-25　共享审批不通过

### 4. 应收单关联生成收款单

执行【财务共享】—【应收共享】—【应收单维护】命令（见图 5-26）。

图 5-26　应收单维护

选择经过共享审批的应收单，点击【关联生成】（见图 5-27）。

图 5-27　关联生成

系统会根据"应收单生成收款单"的转换规则生成收款单（见图 5-28）。

图 5-28　应收单转换为收款单

执行【财务共享】—【出纳共享】—【收款单处理】命令（见图 5-29）。

图 5-29　收款单处理

选择关联生成的收款单（见图 5-30）。

图 5-30　选择收款单

点击【修改】，按照案例内容补充收款单信息后保存并提交（见图 5-31）。

图 5-31　修改收款单

在待分配任务里找到提交的收款单，作为财务共享中心运营管理人员将单据分配给共享用户进行审批（见图5-32）。

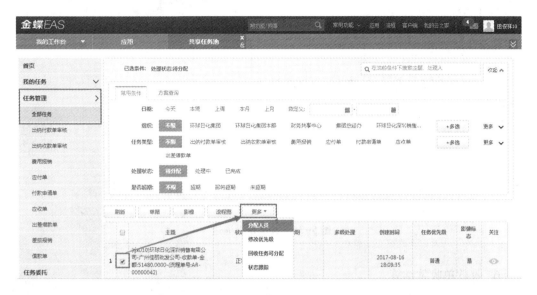

图 5-32　待分配任务

在任务池中选择【我的任务】，作为财务共享审批人员审批分配到的收款单（见图5-33）。

图 5-33　共享审批

根据实训平台中的财务审批规则判断是否审批通过（见图5-34）。

图 5-34　共享审批通过

6. 收款单收款结算

执行【财务共享】—【应收共享】—【收款单维护】命令（见图 5-35）。

图 5-35　收款单处理

通过自定义时间筛选出经过共享审批的收款单（见图 5-36）。

图 5-36 选择收款单

点击【收款】，系统会自动生成收款结算记录，学生需要在实训平台中填入结算后的应收单单据编号并保存答案（见图 5-37）。

图 5-37 收款

实验点评与总结：

1. 你是否已经熟悉应收单、收款单和结算的处理流程？

2. 你认为填写应收单时需要重点关注什么？

3. 你认为审核应收单、收款单时需要重点审核哪些内容？

# 第六章

# 应付账款共享

应付账款共享（以下简称"应付共享"）系统是财务共享管理信息系统的组成模块，提供多组织业务场景下应付单、付款申请单、付款单等单据的查询、批量处理以及批量结算、批量记账、批量对账和批量结账，满足供应商应付款项业务的会计核算和管理工作，且将扫描件、发票等原始凭据、有关差异沟通和存档结合在一起，有效提高了往来共享财务人员的工作效率，实现业务财务一体化的高度集成。

该系统可以独立运行，又可以与出纳共享、应收共享、总账共享等模块集成应用，提供更完整、全面的财务共享管理解决方案，实现业务财务一体化的高度集成。

EAS 应付共享系统常用单据包括应付单、付款单、付款申请单和结算单。应付共享的管控模式见图 6-1。应付共享操作流程见图 6-2。

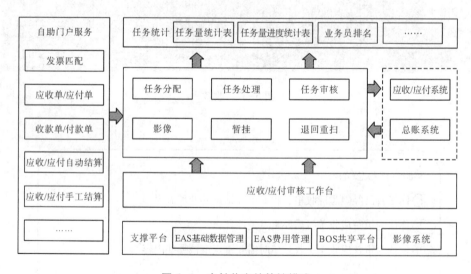

图 6-1　应付共享的管控模式

应付共享操作流程

(1) 根据采购业务内容录入应付单，确认应付款

(2) 在流程中进行业务审批，提交业务审批意见

(3) 在共享池中进行应付单的分配与审批

(4) 将审批后的应收单关联生成付款单并维护付款信息

(5) 在共享池中进行付款单的分配与审批

(6) 将审批后的付款单进行付款结算处理

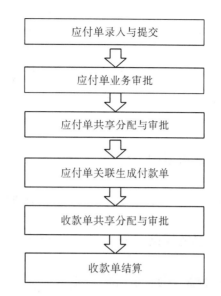

图 6-2　应付共享操作流程

## 一、实验目的

掌握应付共享操作流程以及付款单关联生成方法。

## 二、实验要求

（1）熟知应付单、付款单、付款申请单的审批规则。

（2）了解付款结算方式种类。

（3）熟悉应付共享与总账共享之间的关系。

（4）将田俊祥所在组织切换成环球洗涤用品深圳有限公司。

## 三、案例导入

1 月 13 日，环球洗涤用品深圳有限公司申请 2 月 15 日支付深圳市蕾贝卡商贸有限公司的预付款 10 000 元，应付会计根据采购合同填写预付款单。

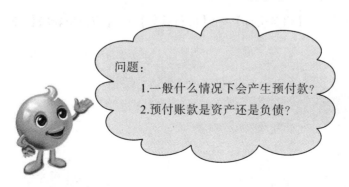

问题：

1.一般什么情况下会产生预付款？

2.预付账款是资产还是负债？

# 第一节　实验资料一：应付单

## 一、适用范围

企业发生采购业务时，填写应付单并确认应付款项。

## 二、审批规则

（1）税额要与发票税额一致。

（2）需上传已盖章生效的采购合同扫描件。

（3）发票应为增值税专用专票，且开票方与往来户一致，抬头要与应付单公司一致。

## 三、案例

1月3日，环球洗涤用品深圳有限公司购买广州市科萨商贸有限公司的花之语香精1 000 kg，含税单价105.3元，税率17%，田俊祥根据采购发票确认应付款，然后提交财务共享中心审批。

## 四、实验步骤

1. 登录金蝶 EAS 工作平台

点击【进入 EAS】，选择数据中心【fts11】，用户名为【tjx010】，密码为【空】，点击【登录】按钮。

2. 应付单录入

执行【应用】—【财务会计】—【应付管理】—【应付单新增】命令（见图6-3）。

图 6-3　应付单新增

进入应付单的新增界面，根据实验资料录入应付单的具体内容，并添加附件【采购合同、采购发票】。完成后点击【保存】—【提交】按钮（见图 6-4）。

图 6-4　应付单录入并提交

3. 业务审批

执行【流程】—【待办任务】—【常规待办】命令（见图 6-5）。

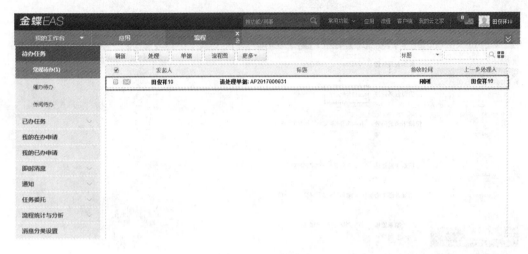

图 6-5　业务审批

打开单据，查看内容并确定无误后，提交审批意见（见图 6-6）。

图 6-6　业务审批通过

4. 共享分配

执行【应用】—【财务共享】—【共享任务管理】—【共享任务池】命令，点击【待分配】，选中单号为 AP2017000031 的单据，执行【更多】—【分配人员】命令（见图 6-7）。

图 6-7　共享分配

将单据分配给共享审批人员（见图 6-8）。

| | 用户编码 | 用户名称 |
|---|---|---|
| 41 | tjx007 | 田俊祥 |
| 42 | tjx008 | 田俊祥 |
| 43 | tjx004 | 田俊祥 |
| 44 | tjx005 | 田俊祥 |
| 45 | tjx006 | 田俊祥 |
| 46 | tjx020 | 田俊祥 |
| 47 | tjx003 | 田俊祥 |
| 48 | tjx010 | 田俊祥 |
| 49 | tjx014 | 田俊祥 |
| 50 | tjx011 | 田俊祥 |

上一页　1　2　3　4　**5**　6　下一页

图 6-8　选择分配人员

5. 共享审批

执行【应用】—【财务共享】—【共享任务管理】—【共享任务池】—【我的任务】—【全部任务】命令（见图 6-9）。

图 6-9　共享审批

选中已分配单据并进入查看，点击【审批不通过】按钮并填写处理意见，点击【提交】，应付单审批流程结束（见图 6-10）。

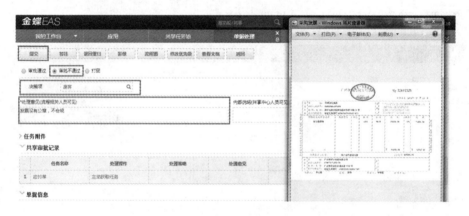

图 6-10　共享审批不通过

# 第二节　实验资料二：付款单

## 一、适用范围

企业支付往来款项时需填写付款单并记录付款情况。

## 二、审批规则

（1）需上传已盖章生效的采购合同扫描件。

（2）付款类型需要根据业务真实情况进行填写。

（3）不能跨月审批和付款。

## 三、案例

1月9日，环球洗涤用品深圳有限公司通过网银支付给深圳市元动化工有限公司预付款 10 000 元，应付会计根据采购合同填写预付款单，提交财务共享中心审批。

1. 登录金蝶 EAS 工作平台

点击【进入 EAS】，选择数据中心【fts11】，用户名为【tjx010】，密码为【空】，点击【登录】按钮。

2. 付款单录入

执行【应用】—【财务共享】—【应付共享】—【付款单新增】命令（见图 6-11）。

图 6-11　付款单新增

根据实验资料录入付款单的具体内容，并添加附件【采购合同】。完成后点击【保存】—【提交】按钮（见图 6-12）。

图 6-12　付款单录入

### 3. 共享任务分配

执行【应用】—【财务共享】—【共享任务管理】—【共享任务池】命令，进入我的任务界面，点击【待分配】，选中单号为 AP00000024 的单据，执行【更多】—【分配人员】命令，选中【tjx010】，点击【分配】按钮，提示【分配成功】（见图 6-13）。

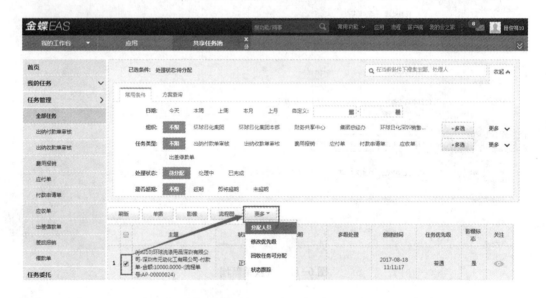

图 6-13　共享分配

### 4. 共享审批

执行【应用】—【财务共享】—【共享任务管理】—【共享任务池】—【我的任务】—【全部任务】命令，选中已分配单据（见图 6-14）。

图 6-14　共享审批

根据审批规则，点击【审批不通过】按钮，填写【处理意见】，点击【提交】，付款单审批流程结束（见图 6-15）。

图 6-15　共享审批不通过

# 第三节　实验资料三：付款申请单

## 一、适用范围

企业申请跨月支付往来款项时，填写付款申请单，用于记录付款申请情况。

## 二、审批规则

（1）需上传已盖章生效的采购合同扫描件。

（2）付款类型需要根据业务真实情况进行填写。

## 三、案例

1月10日，环球洗涤用品深圳有限公司申请下月5日支付广州市科萨商贸有限公司的预付款20 000元，应付会计根据采购合同填写付款申请单，然后提交财务共享中心审批。

## 四、实验步骤

1. 登录金蝶EAS工作平台

点击【进入EAS】，选择数据中心【fts11】，用户名为【tjx010】，密码为【空】，点击【登录】按钮。

2. 付款申请单录入

执行【应用】—【财务共享】—【应付共享】—【付款申请单新增】命令（见图6-16）。

图6-16　新增付款申请单

根据实验资料录入付款申请单的具体内容，并添加附件【采购合同】。完成后点击【保存】—【提交】按钮（见图6-17）。

图 6-17　付款申请单录入

3. 共享任务分配

执行【应用】—【财务共享】—【共享任务管理】—【共享任务池】命令，进入我的任务界面，点击【待分配】，选中单号为 201708000002 的单据，执行【更多】—【分配人员】命令（见图 6-18）。

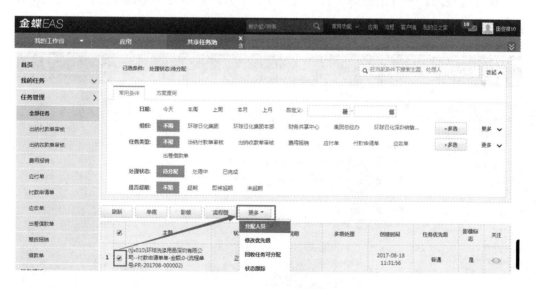

图 6-18　共享任务分配

选中【tjx010】，点击【分配】按钮，提示【分配成功】（见图 6-19）。

图 6-19　选择分配人员

4. 共享审批

执行【应用】—【财务共享】—【共享任务管理】—【共享任务池】—【我的任务】—【全部任务】命令，选中已分配单据（见图6-20）。

图 6-20　共享审批

根据审批规则，点击【审批通过】按钮，填写【决策项】，点击【提交】，付款申请单审批流程结束（见图6-21）。

图 6-21　共享审批通过

# 第四节　实验资料四：应付款结算

## 一、适用范围

企业发生采购业务时，填写应付单并确认应付款项，支付款项时关联生成付款单并进行付款结算。

## 二、审批规则

（1）税额要与发票税额一致。

（2）需上传已盖章生效的采购合同扫描件。

（3）发票均需要增值税专用专票，且开票方与往来户一致，抬头与应付单公司一致。

（4）付款类型需要根据业务真实情况进行填写。

## 三、案例

1月3日，环球洗涤用品深圳有限公司向广州市科萨商贸有限公司采购花之语香精2 000 kg，含税单价117元，税率17%，田俊祥根据采购发票填写应付单；1月20日，环球洗涤用品深圳有限公司通过网银支付该笔业务的全部货款，应付会计进行应付账款结算。

## 四、实验步骤

1. 登录金蝶 EAS 工作平台

点击【进入 EAS】，选择数据中心【fts11】，用户名为【tjx010】，密码为【空】，点击【登录】按钮。

2. 填写应付单

执行【应用】—【财务会计】—【应付管理】—【应付单新增】命令（见图 6-3）。进入应付单的新增界面，根据实验资料录入应付单的具体内容，并添加附件【采购合同、采购发票】。完成后点击【保存】—【提交】按钮（见图 6-22）。

图 6-22 应付单录入并提交

3. 业务审批

执行【流程】—【待办任务】—【常规待办】命令，选择单据（见图 6-23）。

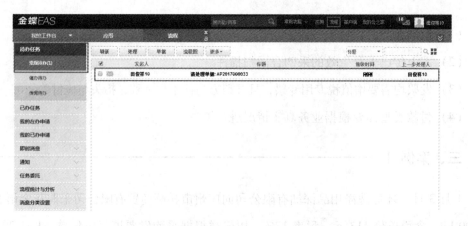

图 6-23 业务审批

查看单据内容并确认无误后，点击【审核通过】按钮并提交（见图6-24）。

**图6-24 业务审批通过**

4. 共享分配

执行【应用】—【财务共享】—【共享任务管理】—【共享任务池】命令，进入我的任务界面，点击【待分配】，选中单号为AP2017000033的单据，执行【更多】—【分配人员】命令（见图6-25）。

**图6-25 共享分配**

选中【tjx010】，点击【分配】按钮，提示【分配成功】（见图6-26）。

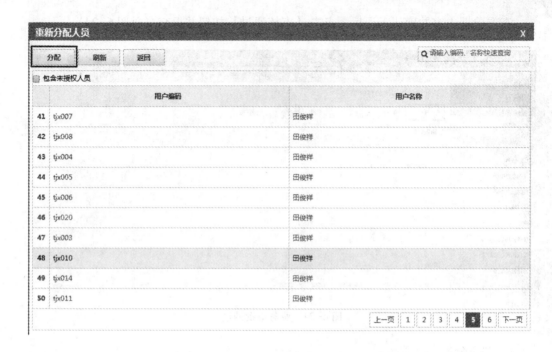

图 6-26　选择分配人员

5. 共享审批

执行【应用】—【财务共享】—【共享任务管理】—【共享任务池】—【我的任务】—【全部任务】命令，选中已分配单据（见图6-27）。

图 6-27　共享审批

点击单据并进行查看，根据审批规则，点击【审批通过】按钮，并填写【决策项】，点击【提交】，应付单审批完成（见图6-28）。

**图 6-28　共享审批通过**

## 6. 应付单关联生成付款单

执行【应用】—【财务共享】—【应付共享】—【应付单维护】命令（见图 6-29）。

**图 6-29　应付单维护**

进入应付单维护界面，筛选出单据号为 AP2017000033 的单据，选中并点击【关联生成】（见图 6-30）。

图 6-30　选择应付单

进入关联生成界面，选择转换规则为【应付单生成付款单】，并点击【确定】（见图 6-31）。

图 6-31　关联生成

进入付款单据编辑界面，进行相关信息的修改和补充（见图 6-32）。完成之后执行【保存】—【提交】命令，完成付款单生成。

图 6-32　付款单维护

### 7. 共享分配

执行【应用】—【财务共享】—【共享任务管理】—【共享任务池】命令，进入我的任务界面，点击【待分配】，选中单号为 AP0000025 的单据，执行【更多】—【分配人员】命令。选中【tjx010】，点击【分配】按钮，提示【分配成功】（见图6-33）。

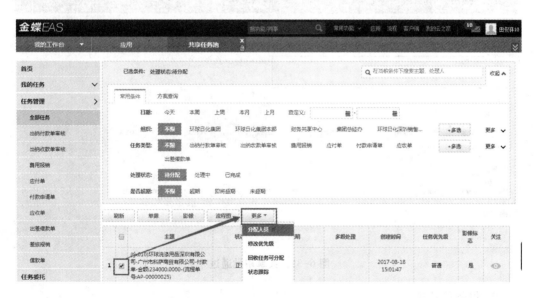

图 6-33　共享分配

### 8. 共享审批

执行【应用】—【财务共享】—【共享任务管理】—【共享任务池】—【我的任务】—【全部任务】命令，选中已分配单据并进入查看（见图6-34）。

图 6-34　共享审批

根据审批规则，点击【审批通过】按钮，并填写【决策项】，点击【提交】，应付单审批完成（见图 6-35）。

图 6-35　共享审批通过

9. 付款单结算

执行【应用】—【财务共享】—【出纳共享】—【付款单处理】命令（见图 6-36）。

**图 6-36　付款单处理**

进入付款单处理界面，筛选出单号为 AP0000025 的单据（见图 6-37）。

**图 6-37　选择付款单**

点击【付款】按钮（见图 6-38），系统提示【全部付款成功】，付款单结算完成。

· 84 ·

图 6-38　付款单付款

# 第七章

# 固定资产共享

固定资产系统包括固定资产任务池、新增固定资产、固定资产清理、固定资产变更、固定资产调拨等模块，通过集中处理各种与固定资产相关的单据，帮助财务共享服务中心的财务人员实现高效准确的单据处理。固定资产共享流程见图7-1。

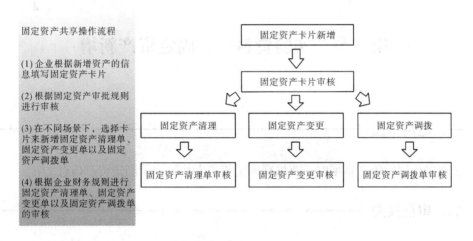

**图7-1 固定资产共享流程**

## 一、实验目的

掌握固定资产共享各子系统功能以及固定资产卡片、固定资产清理、固定资产变更、固定资产调拨流程。

## 二、实验要求

（1）固定资产共享审核人员需熟知本单位固定资产的审核规则。

（2）进行固定资产审核时需将组织机构切换成环球洗涤用品深圳有限公司。

（3）将系统日期调整为业务发生日 2017 年 1 月 4 日。

## 三、案例导入

1 月 13 日，环球洗涤用品深圳有限公司营销中心接受商业伙伴捐赠的小轿车一台，原价值 200 000 元，已使用 5 年，已计提折旧 95 000 元，田俊祥填写固定资产卡片。

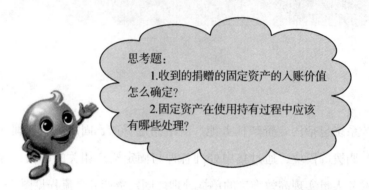

思考题：
1.收到的捐赠的固定资产的入账价值怎么确定？
2.固定资产在使用持有过程中应该有哪些处理？

# 第一节 实验资料一：固定资产新增

## 一、适用范围

企业发生固定资产新增时，要填写固定资产卡片，记录固定资产信息。

## 二、审批规则

（1）采购的固定资产发票需要已盖章生效的增值税发票，且开票方与往来户一致。

（2）收到的捐赠的固定资产需要上传捐赠单位的增值税发票。

## 三、案例

1 月 10 日，环球洗涤用品深圳有限公司计划购入服务器 1 台，原价 5 000 元，田俊祥填写固定资产卡片。

## 四、实验步骤

### 1. 固定资产卡片录入

执行【财务共享】—【固定资产新增】命令，录入实物信息，录入原值与折旧，录入科目及分摊，录入使用部门，保存并提交（见图7-2至图7-7）。

**图7-2　固定资产新增**

**图7-3　固定资产新增实物信息**

图 7-4　固定资产原值与折旧信息

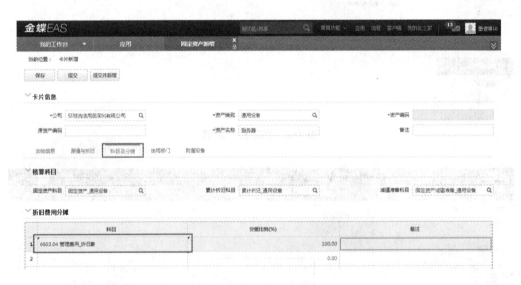

图 7-5　固定资产科目及分摊信息

图 7-6　固定资产使用部门信息

**图 7-7 固定资产新增信息保存于提交**

## 2. 固定资产卡片审核

执行【财务共享】—【固定资产查询】命令（见图 7-8）。

**图 7-8 固定资产查询**

选择卡片并进行审核（若卡片内容不符合财务规范，则不进行审核）（见图 7-9）。

图 7-9  固定资产单据审核

# 第二节  实验资料二：固定资产清理单

## 一、适用范围

当因报废、出售、投资、捐赠等发生固定资产减少的情况时，需要新增固定资产清理单。

## 二、审批规则

（1）进行清理的固定资产卡片需附有已盖章生效的发票。

（2）因报废进行清理的资产需提供固定资产报废申请。

（3）因出售进行清理的资产需提供收据等证明文件。

## 三、案例

1 月 7 日，环球洗涤用品深圳有限公司生产部购入洗涤剂加工设备一台，原值 12 000 元，田俊祥填写固定资产卡片，1 月 31 日该资产报废并进行清理，出售残料收入 2 000 元。

## 1. 固定资产新增

执行【财务共享】—【固定资产共享】—【固定资产新增】命令，在固定资产卡片录入信息，保存并提交卡片（见图 7-10）。

**图 7-10  固定资产新增**

## 2. 固定资产卡片审核

执行【财务共享】—【固定资产共享】—【固定资产查询】命令（见图 7-11）。

**图 7-11  固定资产查询**

选择卡片并进行审核（见图 7-12）。

图 7-12　固定资产审核

### 3. 固定资产清理单新增

执行【财务共享】—【固定资产共享】—【固定资产清理】命令（见图 7-13）。

图 7-13　固定资产清理

点击【新增】，建立清理单（见图 7-14）。

图 7-14　新增固定资产清理单

选择固定资产卡片（见图 7-15）。

图 7-15 新增固定资产清理单

根据案例维护清理单信息，保存并提交清理单（见图 7-16）。

图 7-16 固定资产清理单

## 4. 固定资产清理单审核

选择固定资产清理单并进行审核（如果不符合审核规则，则不审核，见图 7-17）。

图 7-17 固定资产清理单审核

# 第三节　实验资料三：固定资产变更单

## 一、适用范围

当企业固定资产信息发生变化时，可以通过"固定资产变更单"操作进行变更。

## 二、审批规则

进行固定资产变更的卡片需附有已盖章生效的发票。

## 三、案例

1月8日，环球洗涤用品深圳有限公司生产部购入洗涤用品合成机一台，原值9 000元，田俊祥填写固定资产卡片，1月31日该资产原值变更为8 000元。

1. 固定资产新增

执行【财务共享】—【固定资产共享】—【固定资产新增】命令，在固定资产卡片录入信息，保存并提交卡片（见图7-18）。

图 7-18　固定资产新增

2. 固定资产卡片审核

执行【财务共享】—【固定资产共享】—【固定资产查询】（见图7-19）。

**图 7-19　固定资产查询**

选择卡片并进行审核（见图 7-20）。

**图 7-20　固定资产审核**

## 3. 固定资产变更单新增

执行【财务共享】—【固定资产共享】—【固定资产变更】命令（见图 7-21）。

**图 7-21　固定资产变更**

新增固定资产变更单（见图7-22）。

**图 7-22 新增固定资产**

选择固定资产卡片（见图7-23）。

**图 7-23 选择固定资产卡片**

根据案例维护变更单信息，保存并提交固定资产变更单（见图7-24）。

**图 7-24 新增固定资产变更单**

4. 固定资产变更单审核

选择固定资产变更单并进行审核（如果不符合审核规则，则不审核，见图7-25）。

图 7-25  提交固定资产变更审核

# 第四节  实验资料四：固定资产调拨

## 一、适用范围

当集团内部公司间发生固定资产转移的时候，需要填写固定资产调拨单。

## 二、审批规则

（1）进行调拨的卡片需附有已盖章生效的发票。

（2）进行固定资产调拨时需提供生效的资产调拨申请。

## 三、案例

1月5日，环球洗涤用品深圳有限公司计划部购入笔记本电脑1台，原值5 000元，田俊祥填写固定资产卡片，1月31日该资产调出到销售公司，由销售公司潘焱负责。

1. 固定资产新增

执行【财务共享】—【固定资产共享】—【固定资产新增】命令（见图7-26）。

图 7-26　固定资产新增

在固定资产卡片中录入信息，保存并提交卡片（见图 7-27）。

图 7-27　固定资产卡片信息

2. 固定资产卡片审核

执行【财务共享】—【固定资产共享】—【固定资产查询】命令（见图 7-28）。

**图 7-28　固定资产查询**

选择卡片并进行审核（见图 7-29）。

**图 7-29　固定资产审核**

## 3. 固定资产调拨单新增

执行【财务共享】—【固定资产共享】—【固定资产调拨】命令（见图 7-30）。

**图 7-30 固定资产调拨**

新增固定资产调拨单（见图 7-31）。

**图 7-31 固定资产调拨单新增**

选择固定资产卡片（见图 7-32）。

**图 7-32 选择固定资产卡片**

根据案例信息维护调拨单（见图 7-33）。

图 7-33　新增固定资产调拨单

保存并提交固定资产调拨单（见图 7-34）。

图 7-34　保存、提交新增固定资产调拨单

### 4. 固定资产调拨单审核

选择固定资产调拨单并审核（如果不符合审核规则，则不审核，见图 7-35）。

图 7-35　审核固定资产调拨单

实验点评与总结：

1. 您是否已经熟悉固定资产卡片、固定资产清理、固定资产变更、固定资产调拨流程。

2. 固定资产报废当期是否需要计提折旧？对比各种折旧方法的优劣。

3. 处置固定资产时怎样进行账务处理？

# 第八章
# 出纳共享、总账共享

出纳共享系统提供收付业务处理，具有日记账查询、凭证登账、出纳记账、对账、结账、初始化等出纳结算核算基本功能。这些功能都按财务共享的场景进行了功能重新设计，打破了组织的界限，提供多组织的批量处理。另外我们可以借助共享服务平台自定义任务分配规则，推送到业务员处理平台，能提高业务员处理效率。其中银行日记账、资金汇总表等账表还支持多组织、多银行账户批量查询。出纳共享系统常用单据包括收款单、付款单等。出纳共享管控模式见图8-1。

| 出纳共享 | 影像集成 | 打印封面 | 调阅影像 | ORC生成付款单 | |
| | 任务推送 | 付款提交 | 付款审批 | 付款结算 | 生成凭证 |
| 收款共享 | 影像集成 | 打印封面 | 调阅影像 | ORC生成收款单 | |
| | 任务推送 | 付款提交 | 收款审批 | 收款结算 | 生成凭证 |
| 角色工作台 | 业务员 | 一站式任务处理 | 云沟通 | 个人效率分析 | |
| | 管理员 | 任务监控 | 定义任务调配 | 团队绩效分析 | |
| 三个中心… | 待付款业务处理中心 | | 到账通知入账处理中心 | | 银企支付中心 |

**图8-1　出纳共享管控模式**

总账共享系统提供记账、对账、结账、账簿报表、现金流量、初始化等会计核算功能，以及预算控制、现金流量表等财务管理功能。另外还提供了记账中心、对账中心、结账中心等财务共享专有功能，旨在提高共享人员工作效率。该系统既可以独立运行，又可以与报表共享、出纳共享、费用共享、资产共享、应收共享、应付共享等模块共同使用，提供更完整、全面的财务共享管理解决方案。总账共享管控模式见图8-2。

出纳、总账共享操作流程见图8-3。

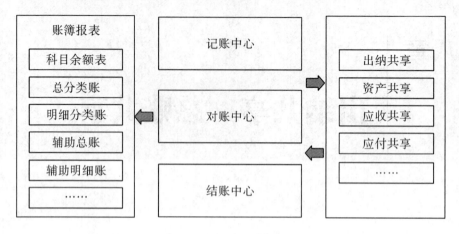

图8-2　总账共享管控模式

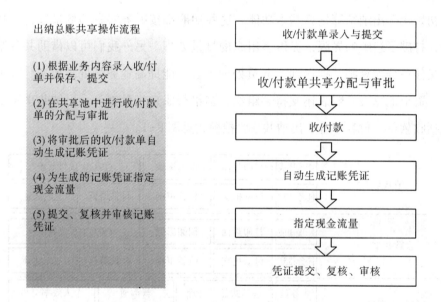

图8-3　出纳、总账共享操作流程

## 一、实验目的

掌握出纳共享以及总账共享操作流程。

## 二、实验要求

（1）熟知收付款审批规则。

（2）熟知填制凭证的要求。

（3）将田俊祥所在组织切换成环球日化本部。

## 三、案例导入

1 月 22 日，共享中心集中结算收到的成都贝贝商贸有限公司的包装物租金 20 000 元，出纳田俊祥进行收款处理并生成凭证，将生成的凭证指定现金流量并复核，会计进行凭证的审核。

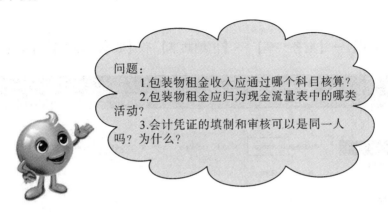

问题：
1.包装物租金收入应通过哪个科目核算？
2.包装物租金应归为现金流量表中的哪类活动？
3.会计凭证的填制和审核可以是同一人吗？为什么？

# 第一节　实验资料一：收款业务

## 一、适用范围

共享中心集中结算收款业务时，要填写收款单，自动生成记账凭证并制定现金流量后提交、复核和审核。

## 二、审批规则

（1）已收到款项需提供银行结算票据。

（2）收款单结算方式与银行结算票据需一致。

## 三、资料

1 月 18 日，共享中心集中结算收到广州佳佳洗涤用品贸易公司的包装物租金 20 000 元，出纳田俊祥进行收款处理并生成凭证，将生成的凭证指定现金流量并复核，会计进行凭证的审核。

## 1. 登录金蝶 EAS 工作平台

点击【进入 EAS】，选择数据中心【fts11】，用户名为【tjx010】，密码为【空】，点击【登录】按钮。

## 2. 收款单录入

执行【应用】—【财务共享】—【出纳共享】—【收款单新增】命令（见图 8-4）。

图 8-4　收款单新增

进入收款单的新增界面，根据资料录入信息，并添加【银行回单】附件，完成之后点击【保存】—【提交】按钮（见图 8-5）。

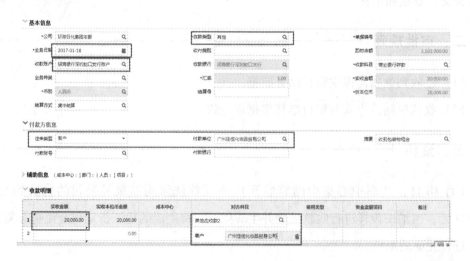

图 8-5　收款单录入

## 3. 共享分配

选中单据，点击【分配人员】按钮（见图8-6）。

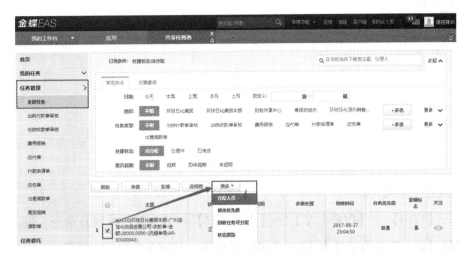

**图8-6 共享分配**

## 4. 共享审批

执行【应用】—【财务共享】—【共享任务管理】—【共享任务池】—【我的任务】—【全部任务】命令，选中已分配单据（见图8-7）。

**图8-7 共享审批**

查看单据，根据审批规则点击【审批通过】、【提交】按钮，收款单审批完成（见图8-8）。

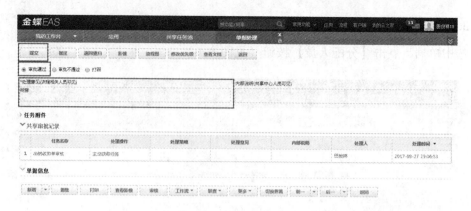

图 8-8　共享审批通过

### 5. 收款单生成凭证

执行【应用】—【财务共享】—【出纳共享】—【收款单处理】命令，进入收款单序时簿界面，筛选出单号为 AR00000043 的单据（见图 8-9）。

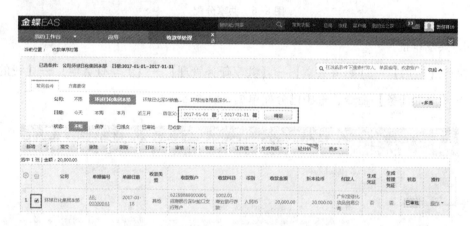

图 8-9　收款单序时簿

选中单据，点击【收款】按钮（见图 8-10）。

图 8-10　收款完成

收款完成后，点击【生成凭证】按钮，凭证自动生成，进入凭证查看界面（见图 8-11）。

图 8-11　凭证生成

6. 指定现金流量

在凭证查看界面中点击【现金流量】按钮，进入现金流量界面并填写主表项目，完成后点击【确定】按钮（见图 8-12）。

图 8-12　指定现金流量

7. 凭证复核与审核

执行【应用】—【财务共享】—【总账共享】—【凭证查询】命令（见图 8-13）。

图 8-13　凭证查询

进入凭证查询界面，筛选出生成的记账凭证 0026 号（见图 8-14）。

图 8-14　凭证查询

点击【更多】按钮并进行复核（见图 8-15）。

图 8-15 凭证复核

复核完成后，点击【审核】，系统进行审核（见图 8-16）。

图 8-16 凭证审核

# 第二节 实验资料二：付款业务

## 一、适用范围

共享中心集中结算付款业务时，填写付款单，自动生成记账凭证并制定现金流量后提交、复核和审核。

## 二、审批规则

如有合同，需要上传已盖章生效的合同扫描件

## 三、资料

1 月 5 日，共享中心集中结算支付给深圳市元动化工有限公司的经营租入的厂房租金 20 000 元，出纳田俊祥进行付款处理并生成凭证，将生成的凭证指定现金流量并复核，会计进行凭证的审核。

## 四、实验步骤

1. 登录金蝶 EAS 工作平台

点击【进入 EAS】，选择数据中心【fts11】，用户名为【tjx010】，密码为【空】，点击【登录】按钮。

2. 付款单录入

执行【应用】—【财务共享】—【出纳共享】—【付款单新增】命令（见图 8-17）。

图 8-17 付款单新增

进入付款单的新增界面，根据资料录入信息，并添加【银行回单】附件，完成之后点击【保存】—【提交】按钮（见图 8-18）。

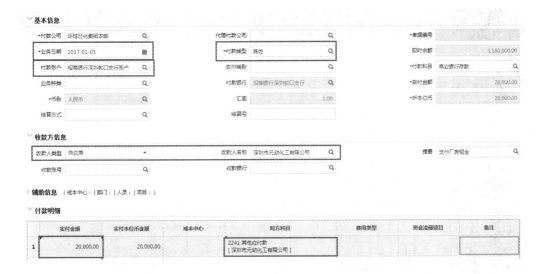

图8-18　付款单录入

3. 共享分配

执行【应用】—【财务共享】—【共享任务管理】—【共享任务池】命令，进入我的任务界面，点击【待分配】，选中单号为 AP00000026 的单据，执行【更多】—【分配人员】命令（见图8-19）。选中【tjx010】，点击【分配】按钮，提示【分配成功】。

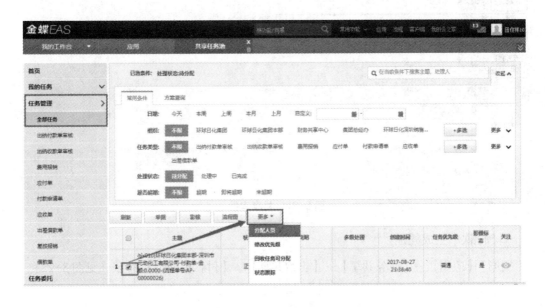

图8-19　共享分配

4. 共享审批

执行【应用】—【财务共享】—【共享任务管理】—【共享任务池】—【我的任务】—【全部任务】命令，选中已分配单据（见图8-20）。

图 8-20　共享分配

进入单据并查看，点击【审批通过】—【提交】按钮，付款单审批完成（见图 8-21）。

图 8-21　共享审批

5. 付款单生成凭证

执行【应用】—【财务共享】—【出纳共享】—【付款单处理】命令（见图 8-22）。

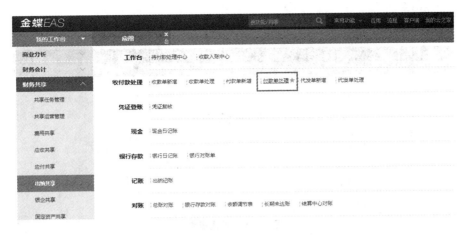

图 8-22　付款单处理

进入付款单序时簿界面，筛选出单号为 AR00000026 的单据，选中单据，点击【付款】按钮（见图 8-23）。

图 8-23　付款成功

付款完成后，点击【生成凭证】按钮（见图 8-24）。

图 8-24　生成凭证

凭证自动生成，进入凭证查看界面（见图8-25）。

图8-25　凭证查看

## 6. 指定现金流量

在凭证查看界面中，点击【现金流量】按钮，进入现金流量界面并填写主表项目（见图8-26），完成后点击【确定】，指定现金流量完成。

图8-26　指定现金流量

## 7. 凭证复核与审核

执行【应用】—【财务共享】—【总账共享】—【凭证查询】命令，进入凭证查询界面，筛选出已生成的记账凭证0027号（见图8-27）。

图8-27　凭证查询

点击【更多】按钮并复核（见图8-28）。

图8-28　凭证复核

复核完成后，点击【审核】按钮，系统自动审核（见图8-29）。

图8-29　凭证审核

# ▶▶ 参考文献

［1］BARBARA QUINN, ROBERT COOKE, ANDREW KRIS. 公司的金矿：共享式服务［M］. 郭蓓, 译. 昆明：云南大学出版社, 2001.

［2］安德鲁·克里斯, 马丁·费伊. 服务共享［M］. 郭蓓, 译. 北京：中国人民大学出版社, 2009.

［3］陈虎. 论会计信息化与网上报销［M］. 北京：经济科学出版社, 2010.

［4］陈虎, 董皓. 财务共享服务［M］. 北京：中国财政经济出版社, 2009.

［5］刘晓云. 中兴通讯财务共享服务模式评价研究［D］. 呼和浩特：内蒙古大学, 2016.

［6］梁立, 王纪平. 山西省县域医疗集团实施财务共享探索［J］. 山西财经大学学报, 2020, 42（s2）：33-34, 48.

［7］BANOUN ARNAUD, DUFOUR LUCAS, ANDIAPPAN MEENA. Evolution of a service ecosystem：Longitudinal evidence from multiple shared services centers based on the economies of worth framework［J］. Journal of business research, 2016, 69（8）：2990-2998.

［8］MARIJN JANSSEN, ANTON JOHA. Emerging shared service organizations and the service-oriented enterprise：Critical management issues［J］. Strategic Outsourcing：An international Journal, 2008, 1（1）：35-49.

［9］DELVIN A GRANT. Using existing modeling techniques for manufacturing process reengineering：A case study［J］. Computers in Industry, 1999, 40（1）：37-49.

［10］MARTIN WENDEROTH. Critical Success Factors of Shared Service Projects – Results of an Empirical Study. ［J］. Advances in Management, 2011, 4 (5)：21-26.

［11］李闻一，高康，冯仕聪，等. 财务共享服务中心之 PEST 分析 ［J］. 财会月刊，2018 (11)：36-39.

［12］徐峻. 财务共享服务中心的日常运营优化探讨：以苏宁易购集团股份有限公司为例 ［J］. 财会通讯，2019 (14)：75-79.

［13］姚树俊，盛兆美，和征. 基于云共享的财务流程再造对企业绩效影响研究 ［J］. 西安财经学院学报，2019, 32 (5)：29-34.

［14］杨寅，刘勤. 企业财务转型与价值创造影响因素分析：基于力场模型视角的财务共享服务中心多案例研究 ［J］. 会计研究，2020 (7)：23-37.